과학이 왜 필요할까?

LITTLE BOOK, BIG IDEA: BOOK 6. WHAT IS SCIENCE?
ⓒ What is Science? 2022
Korean translation rights ⓒ 2024 Bom-majung
Korean translation rights are arranged with Noodle Juice Ltd through AMO Agency, Korea
All rights reserved

이 책의 한국어판 저작권은 AMO 에이전시를 통해 저작권자와 독점 계약한 봄마중에 있습니다.
저작권법에 의해 한국 내에서 보호를 받는 저작물이므로 무단 전재와 무단 복제를 금합니다.

질문 많은 어린이를 위한 생각 수업

과학이 왜 필요할까?

사라 월든 지음 | 케이티 루스 그림 | 이채이 옮김 | 권영균 도움글

봄마중

차례

과학은 관찰과 실험으로 자연 세계에 대해 배우는 거예요.
과학으로 세상이 움직이는 방식을 설명할 수 있거든요.
몇 가지 질문으로 과학이 무엇인지,
왜 필요한지 알아봐요.

과학이 왜 중요할까요? • 6

과학은 언제부터 시작되었을까요? • 8

과학을 어떻게 공부할까요? • 10

유명한 과학자들을 살펴볼까요? • 12

과학의 분야에는 어떤 것이 있을까요? • 14

과학이 왜 중요할까요?

과학은 우리 주위에 있는 여러 문제에 대한 해결 방법을 찾게 해 줘요.
과학은 우리가 어디에서 왔는지,
우리의 미래가 어떤 모습일지 생각할 수 있게 도와주고,
사물이 움직이는 방식과 원리를 이해하게 해 주지요.

과학은 새로운 기술로
우리의 삶을 더 나아지게 해요.

생각을 다양하게 할 수
있도록 도와주고요.

과학을 공부하면 더 좋은
결정을 내릴 수 있어요.

과학은 호기심도 키워 주죠.

과학은 언제부터 시작되었을까요?

사람들은 기원전 2500년 전부터 하늘의 별과 계절의 변화를 관찰했어요. 고대 그리스 철학자들은 자연 세계를 공부하고 *원소를 연구했어요. 탈레스라는 철학자는 *기하학이라는 학문을 만들었어요.

사람들의 생각은 다 달랐지만, 이렇듯 과학은 누군가의 주장을 비판하고 도전할 수 있는 능력을 이끌어냈어요.

*원소 : 물질을 이루는 기본 성분
*기하학 : 선, 면, 도형 등의 크기와 양, 위치 등에 대해 연구하는 수학의 한 갈래

피타고라스 (기원전 570년경~기원전 490년경)는 과학에서 숫자가 매우 중요하다고 믿었어요.

아리스토텔레스 (기원전 384년~기원전 322년)는 모든 사물은 각각의 목적을 가지고 있다고 생각했어요.

아르키메데스(기원전 287년경~기원전 212년)는 수학을 공부했고 지렛대에 관한 연구로 유명해요.

히포크라테스는 기원전 5세기에 의학을 창시했어요.

과학을 어떻게 공부할까요?

과학자는 사물을 관찰하고 알아낸 정보를 기록해요.

물에 대해서 생각해 봐요.
과학자들은 물을 보고 무엇을 알아낼까요?

물의 무게는 얼마나 될까?

온도에 따라 모양이 어떻게 변할까?

냄새가 날까?

어떻게 생겼을까?

어떤 감촉일까?

그다음 과학자들은 가설을 세워요.
가설이란 과학자들이 증명해 내려고 하는 이론이나 생각이에요.

물을 끓이면 일부는 수증기로 변해 증발해요.
그렇다면 이런 가설을 세울 수 있어요.
'만약 100ml의 물을 1분 동안 끓이면
그중 절반은 사라질 것이다.'

과학자들은 이런 일이 정말 일어나는지 알아내기 위해 실험을 해요.

유명한 과학자들을 살펴볼까요?

중국의 천문학자 장형 (79~139년)은 별과 행성의 지도를 처음으로 그렸어요.

중동 지역의 수학자인 이븐 알하이삼 (965~1040년)은 우리가 어떻게 빛을 보는지 연구했지요.

폴란드의 과학자 니콜라우스 코페르니쿠스 (1473~1543년)는 처음으로 태양이 우주의 중심이라고 주장했어요.

영국의 과학자 아이작 뉴턴 (1642~1727년)은 만유인력을 발견했어요.

스웨덴의 식물학자 칼 린네(1707~1778년) 는 식물을 연구하고 생물을 분류하는 법을 만들었어요.

영국의 고생물학자 메리 애닝(1799~1847년)은 쥐라기 시대의 화석을 발견했어요.

영국의 과학자 찰스 다윈(1809~1882년)은 생물이 어떻게 변화해 새로운 종을 만드는지 연구했어요.

영국의 수학자 에이다 러브레이스(1815~1852년)의 연구 덕분에 현대 컴퓨터를 개발할 수 있었어요.

미국의 발명가 알렉산더 그레이엄 벨(1847~1922년)은 전화기의 특허를 냈어요.

폴란드의 과학자 마리 퀴리(1867~1934년)는 두 가지의 방사성 원소를 발견했어요.

미국의 과학자 알베르트 아인슈타인(1879~1955년)은 중력과 운동에 대한 상대성 이론으로 유명하지요.

영국의 수학자 앨런 튜링(1912~1954년)은 제2차 세계대전 때 독일 해군의 암호를 해독해 컴퓨터의 발전에 공헌했어요.

영국의 생물학자 프란시스 크릭(1916~2004년)과 미국의 생물학자 제임스 왓슨(1928~)은 DNA의 구조를 발견했어요.

영국의 동물학자 제인 구달(1934~)은 침팬지의 행동을 연구함으로써 인간을 더 잘 이해할 수 있도록 도왔어요.

영국의 물리학자 스티븐 호킹(1942~2018년)은 블랙홀과 우주 전문가예요.

영국의 컴퓨터 과학자 팀 버너스리(1955~)는 월드와이드웹(www)을 발명했어요.

과학의 분야에는 어떤 것이 있을까요?

과학에는 여러 종류가 있어요.
과학자들은 다음과 같은 몇 가지 주제를 연구할 수 있어요.

음식

운동

생물

우주

사람의 몸

빛

지구

힘

각각의 주제마다 다른 이름이 붙어요.
예를 들어 생물을 연구하는 것을
'생물학'이라고 하고

우주를 연구하는 과학자는 '천체 물리학자'라고 불러요.
천체 물리학자들은 별, 은하, 행성, 블랙홀 등 우주의 구조를 연구해요.

물리학이 뭘까요?

물리학은 '물질'과 '에너지'를 연구하는 학문이에요.
물질이란 무게가 있고 공간을 차지하는 모든 것이고,
에너지란 힘을 뜻하고, 사물이 움직일 수 있게 만드는 거예요.
물리학을 연구하는 사람을 '물리학자'라고 해요.

물질은 주로 세 가지 형태예요.

고체

액체

기체

물리학자들은 아주 작은 것부터 아주 큰 것까지 우주를 움직이는 규칙들을 찾기 위해 물질과 에너지를 연구해요.

*재생에너지 : 없어지지 않고 계속해서 사용할 수 있는 에너지로 태양열, 풍력, 수력 등을 말해요.

화학이 뭘까요?

화학이란 산소나 금 같이 우주를 구성하는 원소들을 연구하는 학문이에요.
화학자들은 새로운 원소를 찾기 위해 각각의 원소가
어떤 역할을 하고 다른 원소와 어떻게 반응하는지 연구해요.

우리가 알고 있는 우주의
원소는 118가지예요.

원소의 종류는 원소주기율표에서 찾아볼 수 있어요.
원소는 각각의 기호를 가지고 있어요.

원소는 원자로 구성되어요. 원자는 그 원소의 가장 작은 입자예요.

원자는 원자핵과 전자로 구성되고, 원자핵은 양성자와 중성자로 이루어져 있어요.

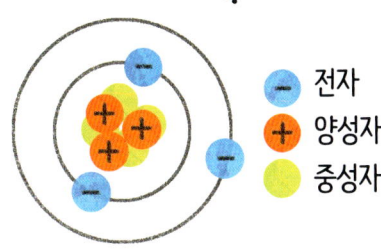

- 전자
- 양성자
- 중성자

가장 간단한 원소는 수소예요. 수소 원자 1개는 양성자 1개와 전자 1개로 이루어져 있어요.

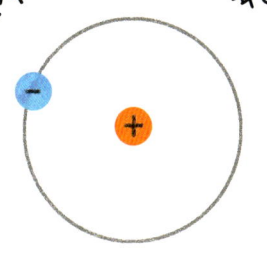

수소는 기체지만 수소(H) 원자 2개와 산소(O) 원자 1개가 결합하면 물(H_2O)이 생겨요.

화학자들은 원소들이 어떻게 서로 영향을 미치는지 연구하고, 이를 통해 우리 주변에서 일어나는 현상을 설명해요. 화학자들은 새로운 물질을 만들기도 해요.

생물학이 뭘까요?

생물학은 살아 있는 모든 것을 연구하는 학문이에요.
생물학자는 생명체가 어떻게 행동하는지, 어떻게 생겼는지,
어떻게 생존하는지, 어디에 살고 어떻게 움직이는지 연구해요.

인간을 포함한 동물은 특징에 따라 다양한 집단으로 나누어요.

포유류

조류

파충류

스웨덴의 과학자 칼 린네는 우리가 지금 사용하고 있는 분류체계를 만들었어요.

생물학자로서 공부할 수 있는 주요 주제는 세 가지가 있어요.

식물학은 식물에
대한 연구예요.

동물학은 동물에
대한 연구예요.

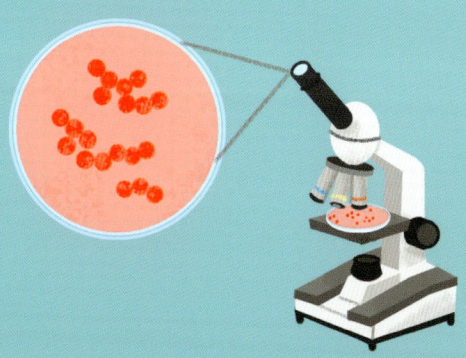

미생물학은 사람의 눈으로 볼 수 없는
아주 작은 생물에 대한 연구예요.

지구과학이 뭘까요?

지구과학을 연구하는 과학자를 '지질학자'라고 불러요. 지질학자는 지구가 어떻게 만들어졌는지, 지구와 다른 행성들이 어떻게 구성되어 있는지 연구해요.

지질학자들 중에서는 지진이나 화산처럼 지구가 움직일 때 어떤 일이 생기는지 연구하는 학자도 있어요.

또 식물을 기르는 땅에 대해 연구하는 학자도 있어요.
더 좋은 토양을 만들면 우리가 더 맛있는 곡식을 기를 수 있지요.

암석과 광물에 집중하는 학자도 있어요.

그래서 지구의 표면과 내부 구조를 조사하지요.

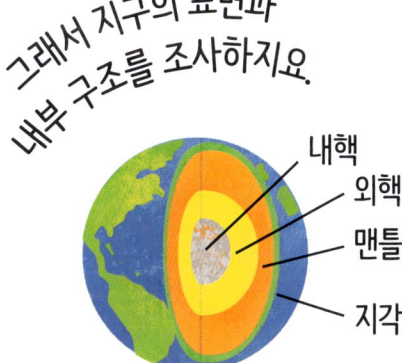

지구과학을 연구하는 학자들은 지구가 주는 자원을 가장 잘 이용하고, 미래를 위해 환경을 보호하는 데 도움을 주지요.

23

과학으로 무엇을 할 수 있을까요?

과학에 관심이 있다면
할 수 있는 일은 많아요.

선생님이 되어서 아이들에게 과학을 가르칠 수도 있고,

화석 연료 사용을 줄일
새로운 방법을 찾을 수도 있으며,

환경오염으로부터
어떻게 지구를 잘 지킬
수 있을지 사람들에게
설명할 수도 있어요.

병을 치료하는
새로운 방법을
발견할 수도 있고,

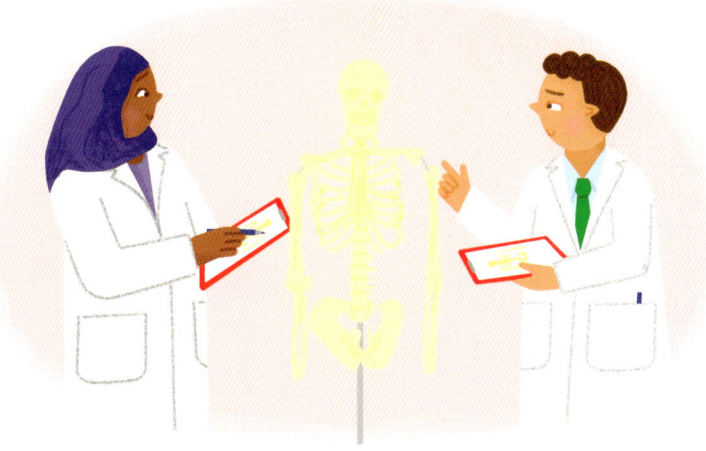

일회용 플라스틱 문제를 해결할
방법을 찾을 수도 있으며

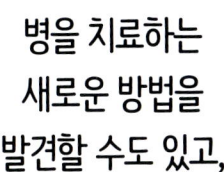

순간이동 기술을
발명해 낼 수도 있지요.

과학으로 또 어떤 것을 할 수 있을까요?

과학의 미래는 어떻게 될까요?

과학자들은 매일 새로운 것을 발견해요.
전기는 한때는 마법이라고 생각되었지만
지금은 어디서나 흔히 볼 수 있지요.

과학은 앞으로도 놀라운 일을 할 수 있을 거예요.

DNA를 조작해서
인간의 장기를 만들어 내고

인공지능 컴퓨터는 물론,

우주 공간을 자유롭게
돌아다니고
다른 행성에서 살게
될지도 모르죠.

글자를 입력하는
대신 생각만으로
화면에 글자가
나타나도록 하거나

더 오래 살게 될 수도 있죠.

하지만 과학이 던지는 질문에 우리가 어떻게 대답하느냐가 더 중요해요.

과학은 항상 좋은 것일까요?

16세기부터 과학은 사람들의 삶을 좋게 만들어 줬어요.
과학이 발전할 때마다, 많은 발명품이
우리의 삶을 더 편리하게 했죠.

하지만 우리에게 도움이 됐던 발명이

우리에게 해를 끼치기도 하죠.

과학 자체가 좋거나 나쁘지는 않아요. 중요한 것은
우리가 어떻게 과학을 이용하느냐는 거예요.

이제 과학이 무엇인지 알 수 있나요?

과학은 사물이 어떻게 움직이는지
알려 주기 때문에 중요해요.

우리는 어떻게 과학을 공부해야 하는지 알고
과학의 다양한 종류도 알아요.
누가 과학을 연구했는지 알고
과학이 얼마나 쓸모 있는지 그리고
과학이 우리를 어떻게 도울 수 있는지 알아요.
미래를 생각할 때,
과학이 정말 중요하다는 것도 알지요.

과학과 기술은 빠르게 발전해요.
우리는 과학으로 할 수 있는 것이 무엇이고,
과학으로 해야 하는 것이 무엇인지 알아야 해요.
과학이 좋거나 나쁜 것이 아니라,
모두 우리의 결정에 달려 있어요.

앞으로 어떤 과학 분야를 탐구하고 싶은지
생각해 보세요.

이 책을 읽고 과학자와 함께 이야기해 봐요

과학은 호기심에서 시작해요

우리가 과학이라는 학문을 시작할 수 있었던 건 바로 우리 주위에서 일어나는 여러 가지 자연 현상에 대한 호기심 때문이었어요.

추운 겨울이 지나고 봄이 되면 앙상했던 가지에 싹이 트고 꽃이 피어나고, 무더운 여름이 되면 녹음이 우거진 숲이 생겨나지요. 그러다 날씨가 선선해지는 가을이 오면 푸른 나뭇잎이 울긋불긋한 여러 색깔로 변하다가 하나둘씩 떨어지고, 다시 추운 겨울이 돼요. 계절은 왜 변하는 걸까요? 왜 하늘은 푸른색이고, 비 온 직후 신비로운 무지개는 왜 생기는 것일까요? 밤하늘에 떠 있는 달은 왜 매일 모양이 바뀌고, 뜨는 시간도 달라질까요? 사진 속 조그마한 아기였던 나는 어떻게 이렇게 자랐을까요?

인류의 조상들은 이렇게 자연 현상에 궁금증을 가졌고 이 궁금증을 해결하기 위해 오랜 기간에 걸쳐서 변하는 모습을 관찰하고 기록하며, 이유를 찾기 위해 고민했어요.

라틴어에 '아는 만큼만 볼 수 있다'는 말이 있어요. 호기심을 해결하기 위해 그 이유를 찾아가다 보면 더 많은 궁금증이 생기게 되고 더 많은 사실을 알게 된다는 말이지요. 과학을 발전시킨 우리 조상들이 그랬던 것처럼 여러분도 과학을 공부하다 보면, 그동안 몰라서 보지 못했던 흥미롭고 놀라운 사실들을 더 많이 알 수 있을 거예요.

과학은 문제의 답을 찾아가는 학문이에요

과학은 호기심과 궁금함, 즉 문제의 답을 찾아가는 학문이에요. 더 중요한 것은 답을 '어떻게' 찾느냐 하는 것이지요. 오랜 시간 동안 과학은 다양한 호기심과 문제에 대한 답을 찾기 위한 방법론을 발전시켜 왔고, 실제로 답을 찾아냈어요. 더 빨리, 더 멀리 가기 위해 자동차와 기차를 만들고, 하늘을 날고 싶어 비행기를 만들어 낸 것처럼요.

앞으로도 기후 위기를 해결하기 위해 지구의 평균 기온이 올라가는 걸 어

떻게 막을 수 있을지, 바닷물을 어떻게 마실 수 있는 물로 바꿀지, 부족한 자원을 어떻게 만들어 낼지, 재생에너지를 어떻게 쉽게 생산하고 효율적으로 사용할지 등, 우리에게 닥친 많은 문제에 대한 답을 찾아야 해요. 이 문제들은 과학을 통해서, 과학의 힘으로 가능해요. 그리고 여러분의 참여도 필요하지요.

 지금 가지고 있는 물건 중 가장 자주 사용하는 게 무엇인가요? 아마 스마트폰을 떠올리는 사람들이 많을 거예요. 컴퓨터, TV, 냉장고, 에어컨 등도 우리에게 꼭 필요한 물건이에요. 우리 주위에 있는 이러한 물품들도 과학을 통해 가능해진 거랍니다. 과학 지식을 발판으로 응용 가능성을 찾아내고, 이를 적용해 발명하고 발전해 온 것이니까요.

 요즘 자동차를 타면 목적지를 찾기 위해 스마트폰으로 내비게이션을 많이 사용해요. 내비게이션은 아인슈타인의 상대성 이론 덕분에 가능하게 된 기기예요. 아인슈타인이 상대성 이론을 발표했을 때만 해도 이것으로 길 찾기를 하게 될 거라고는 아무도 생각하지 못했지요.

 이렇듯 호기심과 문제 해결을 위해 발전해 온 과학은 미래 세대에게 새로운 기술과 문명을 위해 필요한 기본 지식을 제공하고, 우리 생활을 더 편리하게 해 주면서, 새로운 세상으로 이끌어 갈 거예요.

과학은 합리적인 생각을 가르쳐 주는 학문이에요

 과학은 또한 합리적으로 생각하는 방법을 가르쳐 줘요. 과학은 무지개처럼 신기하게만 보이는 현상 속에 담겨 있는 과학적 원리를 찾아낼 수 있거든요. 과학은 현상을 보고 그 현상이 일어나는 이유를 생각하며 가설을 세우고, 실험과 검증을 통해 그 가설의 참과 거짓을 찾아가지요. 그리고 이 과정에서 과학의 원리와 법칙을 찾아내요.

 여기에는 신이나 힘 있는 사람들의 권위는 필요 없어요. 오로지 우리가 세운 가설과 검증 과정에 오류가 있는지를 확인하는 거예요. 이처럼 과학을 통해 우리는 논리적으로 생각하고 근거와 원리에 따라 결정하는 합리적인 사람이 될 수 있어요.

글쓴이 사라 월든 Sarah Walden

뉴캐슬 대학교에서 영문학을 전공하고, 워릭 대학교에서 아동문학 석사 학위를 받았어요. 영국 펭귄 랜덤 하우스 출판사 등에서 오랫동안 일하며 우수한 콘텐츠를 만들고, 파는 일을 했지요. 지금은 Noodle Juice Ltd의 창립자이자 전무이사로 일하고 있어요.

그린이 케이티 루스 Katie Rewse

영국 본머스 대학과 대학원에서 일러스트레이션을 공부하고 어린이책 일러스트레이터로 일하고 있어요. 2020년에는 AOI 월드 일러스트레이션 어워드의 최종 후보에 올랐으며, 2021년에는 그림을 그린 《Climate Action》이 블루 피터 북 어워드의 최종 후보에 올랐고 워터스톤의 이달의 어린이 도서 중 하나로 선정되기도 했어요. 여행이나 모험을 좋아해서 그림을 그리지 않을 때는 가족과 함께 캠핑카를 타고 바닷가를 탐험해요.

도움글 권영균

서울대학교 물리학과에서 학사와 석사 학위를 받았고, 미국 미시건주립대 물리학과에서 박사 학위를 받았어요. 이후 미국 캘리포니아 대학 버클리 캠퍼스와 로렌스 버클리 국립연구소의 연구원을 거쳐 미국 매사추세츠 대학 로웰 캠퍼스 물리학과 교수를 지냈고, 2008년부터는 경희대학교 물리학과 교수로 있어요.

질문 많은 어린이를 위한 생각 수업
과학이 왜 필요할까?
───────────────────────────────

초판 1쇄 발행 2024. 1. 25.

글쓴이	사라 월든
그린이	케이티 루스
옮긴이	이채이
발행인	이상용
발행처	봄마중
출판등록	제2022-000024호
주소	경기도 파주시 회동길 363-15
대표전화	031-955-6031
팩스	031-955-6036
전자우편	bom-majung@naver.com

ISBN 979-11-92595-35-1 74400
　　　979-11-92595-23-8 74080 (세트)
───────────────────────────────

값은 뒤표지에 있습니다.
잘못된 책은 구입하신 서점에서 바꾸어 드립니다.
본 도서에 대한 문의사항은 이메일을 통해 주십시오.

봄마중은 청아출판사의 청소년·아동 브랜드입니다.